[illegible]ÈME ANNIVERSAIRE DE LA FONDATION

DE

L'UNION LIBÉRALE ISRAÉLITE

(2 Décembre 1917)

Ce que nous sommes

*Allocution de M. **Théodore Reinach***

Membre de l'Institut

Cherchez-moi et vous vivrez

*Sermon par M. **Louis-Germain Lévy***

Rabbin, Docteur ès lettres

PARIS

UNION LIBÉRALE ISRAÉLITE

24, Rue Copernic (16e)

DIXIÈME ANNIVERSAIRE DE LA FONDATION
DE
L'UNION LIBÉRALE ISRAÉLITE
(2 Décembre 1917)

Ce que nous sommes

Allocution de M. Théodore Reinach
Membre de l'Institut.

Cherchez-moi et vous vivrez

Sermon par M. Louis-Germain Lévy
Rabbin, Docteur ès lettres

PARIS
UNION LIBÉRALE ISRAÉLITE
24, Rue Copernic (16e)

Ce que nous sommes

Allocution de M. Théodore Reinach.

MESSIEURS, MESDAMES, FRÈRES ET SŒURS,

Dans l'appel initial qui fut, voici dix ans, le premier signe de vie de notre Association naissante, on lisait ce paragraphe :

« L'office comporte chaque fois une *courte* prédication. Celle-ci pourra, certains jours, et sous le contrôle du comité directeur de l'Association, être confiée à des orateurs israélites non rabbins, conformément à une tradition qui mérite d'être remise en honneur. »

Est-ce sur mon initiative que cet article, d'apparence inoffensive, fut inséré dans notre manifeste ?

C'est bien possible. En tout cas je ne prévoyais pas qu'il en serait fait application, — dirai-je en ma faveur ou à mon péril ? — dans une occasion aussi solennelle que celle qui nous assemble aujourd'hui.

Cette marque de confiance, que j'aurais voulu mériter par une assiduité à vos réunions égale à la sympathie qu'elles m'inspirent, n'est pas de celles auxquelles on a le droit de se dérober.

Mais je n'oublie pas que l'intervention qu'on a bien voulu me demander doit précéder le sermon de notre éminent rabbin, non s'y substituer ; vous ne vous étonnerez donc pas si, de l'article dont je viens de vous donner lecture, je retiens surtout l'épithète rassurante : une *courte* allocution.

***

Dix ans ! c'est pour une œuvre, aussi controversée à l'origine que le fut la nôtre, un âge déjà respectable et dont nous avons droit d'être fiers.

Ma pensée se reporte vers les prédictions de mauvais augure qui saluèrent notre naissance. Un de nos devins les plus indulgents, s'inspirant d'un verset de *Daniel*, annonça que notre entreprise, qui, assurait-il, « avait voulu changer les solennités et la loi », subsisterait — comme feu « l'abomination de la désolation », — « une année, deux années, et une demi-année », c'est-à-dire « à peu près la période d'un bail ou d'un contrat de louage ».

Ce sombre pronostic ne s'est pas réalisé. Une fois de plus les faux prophètes en ont été pour leur confusion. Notre jeune Association a déjà presque triplé la durée si parcimonieusement assignée à son existence.

Si elle a vécu, si elle a pu traverser sans éclipse la longue et terrible crise que nous subissons depuis 1914, elle le doit à la sollicitude sans relâche de ses anges gardiens, j'allais dire ses anges gardiennes ; elle le doit à l'énergie de son rabbin, qui, de loin, des postes où vaillamment il remplissait son devoir d'infirmier, de sapeur, d'interprète et de médecin volontaire des âmes, n'a jamais cessé de veiller sur elle ; elle le doit enfin à l'abnégation de notre Président M. Salvador Lévi, qui, pendant la longue absence de M. Germain Lévy, a consenti à le suppléer dans ses fonctions pastorales et s'en est acquitté avec un zèle et une compétence pour lesquels, en votre nom à tous et à toutes, je lui adresse l'expression émue de notre gratitude.

Mais il ne suffit pas de vivre : il faut bien vivre. Et nous avons bien vécu. Notre œuvre a, derrière elle, un passé plein de promesses, devant elle, un avenir plein d'espérances. Et, si j'en suis persuadé, c'est qu'à aucun moment de son activité elle n'a mérité les reproches contradictoires qu'on s'était un peu hâté de lui adresser.

Révolutionnaires ou *aristocrates* — c'est en ces deux adjectifs que se résumaient ces reproches.

Révolutionnaires ! Nous qui nous abreuvons sans cesse à la source intarissable de poésie et de sagesse qui jaillit de la Bible ; nous qui recueillons avec piété ce qu'y ont ajouté d'ingénieux, de profond ou d'humain le Talmud, le Midrasch, la philosophie juive ; nous qui plaçons notre enseignement religieux sous l'invocation du grand nom et de la grande figure de Moïse !

Aristocrates ! Nous dont la maison s'ouvre largement à tous les hommes de bonne volonté, sans distinction de rang, de fortune et même de confession ; nous qui n'avons pas de plus ardent désir que de réaliser ici la communion des riches et des pauvres, des savants et des ignorants, des fidèles complets et des « prosélytes de la porte », non seulement dans la charité, mais dans la pensée et l'émotion religieuses ; nous pour qui les vrais créateurs du judaïsme, les vrais ancêtres spirituels dont nous nous réclamons, ce sont ces grands orateurs populaires, j'allais dire ces grands journalistes, qu'on appelle les prophètes !

Ni révolutionnaires ni aristocrates, que sommes-nous donc ? Nous sommes des *traditionalistes éclairés et réfléchis*, qui, de la tradition, ne veulent sauver que ce qui mérite de l'être, mais tout ce qui mérite de l'être, qui, par des retouches discrètes, s'efforcent de mettre l'armature de la religion israélite en harmonie avec le milieu où elle est destinée à évoluer dans nos pays d'occident, avec les conditions de la pensée et de la civilisation modernes.

Une plante exotique, transplantée telle quelle dans un sol nouveau et sous un ciel étranger, s'étiole et meurt. Faites-lui subir une greffe salutaire, une intelligente adaptation, et le vieux figuier poussera des racines vigoureuses, se couronnera de feuilles et de fruits, connaitra un renouveau de sève et de vitalité !...

Voilà pourquoi, nous inspirant des principes mêmes proclamés il y a plus d'un siècle par le Grand Sanhédrin de Paris, nous ne confondons pas la *loi mosaïque*, celle que résume le Décalogue, avec les végétations parasites dont les âges avaient surchargé, étouffé sa substance. Nous en retenons pieusement l'essentiel, nous faisons bon marché des préjugés antiques et des subtilités récentes, nous répudions les pratiques incompatibles avec le sens du Beau, avec le large courant de la vie nationale, auquel nous voulons rester mêlés.

De même pour les *solennités*. Nul ne célèbre plus joyeusement que nous ces belles fêtes, sorties de la pure moëlle d'un peuple de paysans, les unes devenues l'apanage de toute l'humanité, les autres, — comme celle qui vit notre cérémonie inaugurale et dont l'anniversaire revient dans quelques jours — où frémit le souvenir des combats soutenus, des martyres endurés pour les saintes causes de l'indépendance nationale, de la liberté de conscience et de la dignité humaine. Et quant au sabbat, si nous avons — non pas aboli cette fête — mais transporté au dimanche, jour de fête légal, l'office principal de la semaine, c'est parce que, résolus à faire ici *œuvre de vie* pour des hommes et des femmes qui travaillent, nous ne voulions pas que la parole de vie risquât parfois de s'égrener devant des banquettes vides !...

Il n'y a pas de vie sans vérité; et dès lors à la base de l'enseignement religieux nous ne souffrons ni mensonge, ni équivoque, ni hypocrisie.

Vérité scientifique d'abord. Si grands et si inspirés que fussent les hommes qui nous ont légué l'Écriture, ils étaient hommes et, comme tels, sujets aux imperfections et aux ignorances de leur temps. Nous ne raillerons pas la physique, la géologie, la cosmographie qui pouvaient satisfaire un *nabi* ou un *sophér* d'il y a vingt-cinq ou trente siècles, mais nous ne l'enseignerons pas à nos enfants; surtout, nous ne torturerons pas, nous ne maquillerons pas ces textes vénérables pour en dissimuler à leurs yeux les naïvetés et les erreurs.

Vérité historique ensuite. Notre Histoire Sainte ne sera pas la compilation insipide, indigeste, incolore, qui, nageant dans une atmosphère sursaturée de miracles, installait à l'origine une perfection religieuse invraisemblable, à laquelle succédait une suite monotone de chutes et de relèvements. Nous enseignerons, nous, cette histoire bien autrement vivante et édifiante, établie par les travaux de la critique moderne, qui nous montre, du sein des brutalités et des crédulités primitives, émerger non sans peine, évoluer non sans heurts et sans reculs momentanés, sous le souffle puissant de quelques hommes de génie, une croyance plus haute, un culte plus pur, une morale plus largement humaine, histoire où, à vrai dire, il n'y a qu'un seul miracle, mais celui-là authentique, perpétuel, jamais achevé : le miracle de la lente formation de la conscience religieuse d'Israël, destinée à se confondre un jour avec la conscience religieuse de l'Humanité.

Vérité scientifique, vérité historique et, j'ajoute, vérité morale, telles sont les trois pierres d'assise sur lesquelles doit reposer tout établissement religieux qui prétend continuer à exercer une action sur les intelligences et les cœurs, au grand jour d'un âge de progrès. Est-ce à dire qu'une église doive s'enfermer timidement dans le cercle étroit des vérités démontrées ou démontrables ? Avons-nous voulu instaurer, comme on l'a dit, une religion non seulement rationnelle, mais rationaliste ?

Rien n'est plus éloigné de notre pensée.

L'expérience, et la raison qui en coordonne les résultats

c'est le point de départ, ce n'est pas le point d'arrivée. C'est le tremplin robuste d'où l'esprit avide d'idéal et assoiffé d'absolu s'élance à la conquête d'un monde suprasensible, d'un ordre d'idées et de choses qui ne contredit pas, certes, celui de la réalité, mais qui le complète, le domine et l'éclaire.

On ne démontre pas la foi. On ne démontre pas l'espérance. On ne démontre pas la charité. Et c'est pourtant de tout cela qu'est tissé le sentiment religieux. Le dernier, et non le moins éloquent, de nos prophètes (1) a résumé, vous le savez, le Credo israélite en ces deux affirmations : d'une part, celle d'une force unique, principe suprême d'ordre et d'énergie, dont toutes les forces particulières ne sont que les émanations, âme de l'Univers devenue Dieu vivant dans la conscience du croyant; d'autre part, la foi indestructible, à travers tous les démentis apparents de l'histoire, dans un avenir de justice que symbolise le règne du Messie. Eh bien, ces deux croyances, sublimes et consolantes s'il en fut, si elles puisent leurs premiers éléments dans l'observation pénétrante de la réalité visible, la dépassent pourtant de mille coudées. En y adhérant, le croyant fait, en quelque sorte, un acte créateur. Il proclame, au-dessus du chaos mouvant des forces déchaînées, l'idée ordonnatrice et, en la proclamant, il s'y subordonne et y subordonne ses semblables. Il proclame, au terme des haines, des guerres et des iniquités, un avenir d'amour, de justice et de paix, et en le proclamant il en hâte l'avènement.

Ainsi, dans le fidèle tel que nous le concevons, tel que nous cherchons à le former, il y a non un contemplatif ou un automate, mais un collaborateur agissant et conscient de la Divinité. On peut répéter de lui la parole d'un de nos anciens sages : « Quiconque accomplit une action morale coopère à l'œuvre de la Création (2). »

(1) James Darmesteter, *Coup d'œil sur l'histoire du peuple juif.*
(2) *Mekiltha Yethro II.*

Il me serait facile de vous montrer que dans bien d'autres domaines de l'activité humaine — la morale, l'art, la poésie — la raison, nécessaire mais non suffisante, livrée à ses seules inspirations reste impuissante, et que, selon la belle parole de Pascal, « le cœur a ses raisons que la raison ne connaît point ».

Je ne vous rappelle que cet autre sentiment, non moins fécond et puissant que le sentiment religieux, qui lui aussi fait appel aux sources les plus intimes et les plus mystérieuses de notre personnalité : le sentiment national.

Ce n'est pas sans motif qu'on parle de , Religion de la Patrie. Pas plus que la Religion tout court, elle ne se résume dans un calcul égoïste, dans un échange de services plus ou moins tangibles. Comme elle, indémontrable, comme elle, correspondant pourtant à une haute réalité, elle crée entre ses adeptes le lien le plus énergique, la discipline la plus impérieuse, elle inspire des dévouements incomparables. Jamais cette religion n'a connu moins d'athées qu'aujourd'hui; jamais dans la poitrine du judaïsme français n'a battu plus fort le cœur généreux et meurtri de la France....

Combien de ceux que cette cérémonie rassemble ont vu, par l'affreux cataclysme qui sévit depuis quarante mois, leur foyer à la fois ennobli et dévasté ! Que de blessures nouvelles s'ouvrent chaque jour ! Que d'anxiétés palpitent, que d'espérances, de prières et de craintes s'envolent vers ceux qui là-bas, dans la tranchée, dans la boue, dans la neige, sous le soufflet de la tempête ou la rafale du feu, prodiguent santé, jeunesse, vie, pour libérer la France libératrice !

Le préjugé religieux ou ethnique le plus farouche a dû désarmer devant tant d'exemples d'héroïsme. La plus saisissante vision de cette guerre, qui en a tant enregistré, est peut-être celle de ce rabbin trouvant la mort au moment où, dans une ambulance criblée d'obus, il tend à un catholique agonisant le symbole consolateur que réclamait la foi du mourant, emblème de pitié et de pardon au nom duquel, hélas! dans les siècles d'ignorance et de haine, depuis le Tage jusqu'au Dniéper, tant de sang innocent a été répandu! Et à côté de ce geste illustre, déjà légendaire, que de dévouements ignorés, que de sacrifices anonymes, que ne consacrera aucune croix, que ne célébrera ni l'historien ni l'artiste ni le poète, qui ne réclament d'autre récompense que la satisfaction silencieuse du devoir accompli!...

Frères et sœurs, dans ce long duel des forces de lumière contre les forces de ténèbres, « de l'humanité qui veut être et d'une humanité qui ne veut pas mourir (1) », si l'âge ou le sexe privent plusieurs de l'honneur de combattre au premier rang, sachons du moins tous élever nos âmes à la hauteur de ces grands événements et de ces grandes épreuves.

J'ai toujours pensé que la meilleure justification du culte en commun, c'est qu'il fournit à l'homme, courbé vers la terre par les nécessités de sa besogne quotidienne, l'occasion, au moins une fois par semaine, de redresser son front, de hausser son regard, d'élargir sa pensée, dégagée momentanément des servitudes qui l'enlisent, pour vivre une heure de vie plus libre, plus intense, plus joyeuse, en communion avec des âmes fraternelles, bercé par la chanson du passé, exalté par le rêve de l'avenir.

Des ailes à la Terre, c'est le titre que porte notre livre de prières : nul n'exprime mieux l'essence de notre culte, et le vrai caractère que nous attachons à l'oraison, celui d'une élévation. *Élévation*, n'est-ce pas le titre aussi que donnait hier un auteur célèbre à une pièce où il montrait la révolution produite dans les âmes les plus asservies à la chair par le drame national que nous vivons, les uns avec notre sang, les autres avec notre cœur?...

(1) Alfred Loisy, *La Religion* (Nourry, 1917), p. 147.

Ainsi se rencontrent, dans une œuvre commune de réconfort et de purification, ces deux grandes forces morales : la Patrie et la Religion. Ainsi s'éclaire la pensée maîtresse qui présida à la naissance de l'Union libérale : abattre toutes les barrières, éliminer tous les malentendus qui pouvaient encore séparer l'Israélite éclairé et le Français patriote du xxe siècle, concilier définitivement et fortifier l'un par l'autre l'attachement touchant qui nous relie au grand et douloureux passé d'Israël, et l'attachement non moins filial envers cette patrie retrouvée qu'a été pour le judaïsme de langue française la France émancipatrice de 1789, la France mutilée de 1871, la France soldat du Droit, martyr de la liberté !

Le proverbe antique le dit : « Il n'est pas en sécurité le navire qui ne mouille que sur une seule ancre ». Votre jeune communauté, à la fois très juive et très française, a la bonne fortune d'en posséder deux.

Puisse la cérémonie d'aujourd'hui en attester une fois de plus la solidité et la solidarité ! Puisse votre esquif, appuyé sur l'ancre de la Patrie et sur l'ancre de la Foi, continuer à braver la tourmente des mauvais jours, jusqu'à l'heure impatiemment attendue où le triomphe de la Justice ramènera le soleil dans le ciel, la paix dans l'atmosphère, la joie dans nos cœurs délivrés !...

Cherchez-moi et vous vivrez

Sermon par M. Louis-Germain Lévy.

Ma première parole sera pour remercier le Seigneur qui nous a couverts de sa protection et qui a permis à notre communauté de se maintenir malgré les difficultés des temps : ***Barouk ata Adonaï Elohénou méléh haolam chéhéhéyanou vekiyemanou vehighianou lazeman hazé.***

« Loué sois-tu, Éternel, maître du monde, pour nous avoir accordé de vivre et d'atteindre cette heure de solennité. »

En second lieu, notre œuvre se doit à elle-même de ne pas laisser passer cet anniversaire sans donner un souvenir de reconnaissance émue à Alphonse Pereyra qui fut un des promoteurs les plus ardents de notre Union, à Mme Anatole Dreyfus qui en fut une des ouvrières les plus convaincues et les plus généreuses, et au rabbin Léonard Lévy de Pittsburg qui porta dans cette chaire sa chaude parole d'apôtre du judaïsme libéral.

Enfin, nous avons des obligations particulières à notre cher et vénéré président M. Salvador Lévi pour l'admirable dévouement qu'il n'a cessé de prodiguer en ces trois années de guerre, grâce à quoi nos offices ont pu se célébrer tous les dimanches dans une haute tenue de ferveur et de dignité.

Mes chers Frères et Sœurs,

Dirchouni vihéyou.
« Cherchez-moi et vous vivrez », *Amos*, 5, 4.

Le prophète ne dit point : « Possédez-moi », mais « cherchez-moi ». Comment la créature humaine prétendrait-elle embrasser l'infinie réalité, tenir la pleine et totale vérité ? Donc, mouvement perpétuel de l'esprit, toujours en action, jamais achevé, continuellement poussé en profondeur. Plus vous me cherchez, plus vous faites entrer quelque chose de ma vertu divine dans la réalité humaine, et plus vous vivez en force, en sincérité, en exaltation, en bénédiction.

On ne saurait mettre la vie d'un côté et la doctrine de l'autre ; elles se rencontrent nécessairement, elles doivent se concilier et se soutenir. Voilà l'affirmation essentielle, voilà le point de départ du Judaïsme libéral.

Le Judaïsme libéral est la religion d'Israël dans son mouvement de vie, dans son esprit, dans son énergie active.

Au centre des choses nous posons la source intarissablement jaillissante de vie, d'esprit et d'énergie, Dieu, sujet absolu, Moi éternel de tous les êtres, de tous les mondes, de tous les temps : *Ehyé achér Ehyé*, « Je suis celui qui est : Je suis » (*Exode*, 3, 14).

Ce Dieu est principe créateur et agissant, il se communique aux hommes par la nature, par l'histoire, par la conscience. Nous croyons à une révélation, non pas telle qu'elle ne se serait produite qu'à une époque limitée du temps et en un lieu unique de l'espace, mais qui s'est fait sentir sous des modalités nombreuses et qui continue de se manifester.

Certaines individualités, les prophètes et les grands penseurs, sont plus spécialement douées pour l'inspiration d'en haut ; mais, par ailleurs, chaque homme peut connaître l'émotion supérieure par la méditation concentrée, par l'appel fervent du cœur. Le divin en nous attire le divin hors de nous. Toute pensée qui se recueille au plus intime et au plus pur d'elle-même sent la présence de l'Éternel, entre dans la sphère de lumière et palpite du frisson divin.

Ce Dieu est le « Saint », autorité souveraine, parce qu'il est la loi vivante de l'Ordre, du Bien et du Beau. Il n'est pas dit : « Soyez saints, *parce que je le veux* » ; il est écrit :

« Soyez saints *parce que moi l'Éternel je suis saint.* » La loi morale ne s'impose pas en vertu d'un décret arbitraire, elle est la loi même de l'esprit, donc aussi bien de Dieu que de l'homme. Elle ne fait qu'un avec la plénitude de l'Être.

Et cette plénitude est amour : « Tu aimeras l'Éternel, ton Dieu, de tout ton cœur, de toute ton âme, de tout ton pouvoir » (*Deutéronome*, 6, 5). Notre religion ne comporte aucun élément de peur ou de calcul, elle est adoration plénière.

Elle compose son oraison des plus purs rayons de la pensée et des plus généreux battements du cœur. Nous devons remplir le devoir pour lui-même, sans espoir de récompense, en nous élevant à la *simha chél mizva*, c'est-à-dire à une disposition telle que le devoir ne nous apparaisse plus comme un effort pénible, mais comme une offrande joyeuse de tout notre être.

Nous tenons que la carrière humaine ne se borne pas au parcours du berceau à la tombe, l'esprit est d'essence immortelle. Cependant, quelles que soient nos destinées après ce monde, la vie présente, sur cette terre, a son sens et sa valeur propres, qu'il nous faut clairement comprendre et vouloir fermement avec ses tâches et avec ses épreuves, afin de lui donner le plus de grandeur possible.

En tant que créatures, nous commettons des erreurs, nous avons des défaillances. Mais, d'un autre côté, nous avons le pouvoir de nous ressaisir, de nous recréer et ainsi de nous relever. Cette commune faiblesse et cette commune puissance de régénération nous rendent tous frères en dolente et en noble humanité. Aussi bien notre religion est une doctrine de solidarité et de respect mutuel, qui se fonde sur l'égale dignité des personnes, sans distinction de races, de classes, de sexes, de croyances. A l'origine un seul couple dont sont issus tous les hommes, chacun portant l'empreinte du sceau divin, c'est-à-dire le sentiment d'une excellence qui le dépasse en tant que créature de chair et de sang. C'est à la réalisation de la dignité tant individuelle que sociale et nationale que vont nos préceptes et nos institutions.

Nous sommes des optimistes, non pas de cet optimisme qui se satisfait platement, benoîtement, égoïstement, mais d'un optimisme de vigueur morale, de généreuse hardiesse, de rajeunissement intérieur, qui refuse de s'attarder au côté sombre des choses et de s'abandonner à la fatalité. Il y a du mal, beaucoup de mal; mais il y a aussi du bien, du beau : il y a le sourire de la lumière, de l'amour, de la grâce. Et l'homme, si misérable par tant de côtés, est capable de grandes actions. Il peut transformer le réel, triompher des conditions les plus dures, à force d'élan, de foi, de patience, de dévouement.

La présente guerre en fournit l'éclatant témoignage. Elle a multiplié, accumulé comme à plaisir, les causes de souffrance, de détresse, d'horreur, et l'homme les a tournées en occasions de vaillance fière, indomptable, d'héroïsme magnifique, sous les formes les plus variées, les plus inattendues, les plus incroyables, jetant à la mort et à la violence, dans son déchaînement le plus furieux, le défi de la plus audacieuse et de la plus inébranlable résolution. Nos soldats ont magnifié l'image de l'homme, ils ont élevé plus haut la tenue humaine, ils ont enrichi la teneur de l'héroïsme.

Forts de cette confiance dans la faculté d'initiative, d'invention morale et de perfectionnement de l'être humain, nous croyons au progrès avec les prophètes hébreux qui entrevoient et prêchent l'élaboration d'une économie sociale où régneront la concorde et la paix.

Mais, avec ces mêmes prophètes, contre les assauts de la brutalité nous dressons le front de l'esprit, avec eux nous estimons que la paix n'est possible que sur le fondement, sur le plein épanouissement de la justice. Nous mettons la justice au-dessus d'une paix qui ne serait qu'une défaite du droit et, d'ailleurs, qu'une trêve momentanée pour préparer la lutte sur nouveaux frais. Et c'est pourquoi la guerre que mènent la France et ses alliés prend figure de guerre sacrée, ***Milhamath hôba***, toute animée d'une indignation vengeresse contre les agressions de barbarie, contre une hégémonie d'oppression universelle.

Voilà pour les principes qui nous animent et qui nous guident.

Mais la religion n'est pas seulement une doctrine philosophique et morale, elle est un corps d'institutions, d'usages et de pratiques. Pour les tenants de la stricte observance les rites et les coutumes constituent un bloc auquel il est interdit de toucher, les formes extérieures sont aussi sacrées que le fond, attendu qu'elles sont prescrites par la Torah, laquelle est une dictée de Dieu.

Et d'abord, à nos yeux la Bible est un livre extrêmement vénérable pour ce qu'elle renferme d'intuition divine, d'intense moralité, de profonde sagesse, de vaste expérience humaine, d'affirmation originale du génie d'Israël. Mais nous ne saurions admettre qu'elle est l'ouvrage direct de Dieu, car, au milieu de tant de pages sublimes, elle offre des imperfections et des contradictions.

Ensuite, nous proclamons, nous aussi, la nécessité d'exercices et de symboles qui rendent l'idée plus concrète, organisent et réchauffent l'émotion, disciplinent et stimulent l'activité, encadrent et font communier le groupe humain. Cependant les formes et les cadres n'ont qu'une valeur d'emprunt et de circonstance. Ils ne doivent pas dégénérer en une réglementation éperdument étroite, qui comprime tout souffle, toute spontanéité, toute abondance de l'esprit et du cœur. Ce sont des moyens qu'il convient de conserver tant qu'ils ont une vertu de promotion spirituelle, qu'il faut laisser tomber quand ils ont perdu leur qualité éducatrice ou édifiante. Nous reprenons donc la tradition à la lumière de l'histoire et de la critique, à la lumière des nouvelles conditions d'existence et de pensée, à la lumière de la raison qui dissipe la superstition, qui épure la lettre, approfondit l'esprit, sépare l'accidentel du substantiel, élimine ce qui n'a plus d'écho dans notre conscience, ce qui est d'un ordre de civilisation périmé.

Lorsque le temple de Jérusalem fut détruit, des gens pieux vinrent trouver R. Josué ben Hanania et lui dirent : « Malheur ! le temple a disparu. Comment consommerions-nous la chair d'animaux que nous ne pouvons plus apporter en sacrifices? » Le docteur répondit : « Donc, ne mangez plus de viande. Mais vous ne sauriez davantage goûter aux fruits, car on en présentait des prémices; non plus que du pain, puisque avec la farine on faisait des oblations. Vous ne pouvez même plus boire d'eau, attendu qu'on offrait des libations. » C'est alors que ce docteur posa ce principe : « ***En gôzrin ghezéra al ha-tsibbour éla im kèn rôv tsibbour yekôlin laamôd bô***, « On n'impose à une communauté de mesures qu'autant qu'elles ne compromettent pas son existence » (*Aboda zara,* 36 a).

Ce sont de pareilles préoccupations qui ont donné naissance aux congrégations libérales, principalement en Amérique où elles sont nombreuses et florissantes. Dans notre pays des voix s'élevèrent également au cours du siècle passé pour réclamer des modifications, tels Joseph Salvador, Olry Terquem, Gerson-Lévy, le rabbin Nordmann, James Darmesteter, S. Munk, Alexandre Weill, les grands rabbins Astruc et Zadoc-Kahn. Cependant le mouvement ne prit tournure et consistance qu'il y a une quinzaine d'années sous l'impulsion d'un petit groupe de personnes, pieusement zélées pour la sauvegarde de la religion, noblement soucieuses de l'avenir de notre jeunesse. Enfin, après la séparation des Églises et de l'État, l'*Union libérale* se constitue en association; elle inaugure son temple le 1er décembre 1907.

Voilà dix années que nous existons. C'est la preuve que notre œuvre répond à un besoin véritable et que nous avons pu répandre un peu de bien autour de nous. Plus que jamais, après la terrible crise que nous traversons, des âmes chercheront un réconfort et une orientation spirituelle. A nous de rallier le plus que nous pourrons de ceux qui tâtonnent le long de la muraille et de les introduire au foyer de lumière et de chaleur. A tous ceux qui sont attachés à l'*Union* nous demandons de nous soutenir de toutes leurs forces, de nous attirer les bonnes volontés, de nous recruter de nouveaux concours. Faites comprendre autour de vous que notre œuvre est une des plus hautes parmi celles qui intéressent la conscience, la pensée, le cœur, l'idéalisme fécond.

J. Darmesteter a dit : « La religion du XXe siècle naîtra de la fusion du prophétisme et de la science », et Renan a écrit : « Le judaïsme qui a tant servi dans le passé servira encore dans l'avenir.... La religion pure que nous entrevoyons comme pouvant relier l'humanité entière sera la réalisation de la religion d'Isaïe, la religion juive idéale, dégagée des scories qui ont pu y être mêlées. » Soyons les ouvriers de cette œuvre merveilleuse.

Le Talmud raconte qu'au temple de Jérusalem, quand les prêtres se passaient le service, ceux qui partaient disaient à ceux qui les remplaçaient : « Que Celui qui réside au-dessus de cette maison fasse régner parmi vous l'amour et la fraternité, la paix et l'amitié ! » C'est le vœu que je forme pour nous en terminant.

PRIÈRE

Seigneur, éclaire notre âme en travail de désirs et d'aspirations. Élève nos regards, élève nos sentiments, élève nos efforts sur le chemin de la vérité, de la droiture, de la bienveillance, vers la vie supérieure où se trouveront réconciliés Dieu, l'homme et la nature. Garde-nous contre nos propres faiblesses. Établis-nous en force et en confiance, afin que nous fassions de notre vie une œuvre de lumière, de courage, de patience, de tendresse, de sanctification, et que, si nous sommes frappés, nous portions l'épreuve avec dignité. Conserve en vaillance de corps et d'esprit ceux qui nous sont chers; comme les ailes des colombes sur leurs petits qu'ainsi soient les ailes de la Providence sur ceux que nous aimons. Écoute l'appel du cœur angoissé. Quand tu parles, la plainte qui errait par le monde s'apaise, car ta parole est la douceur qui calme et la sève qui vivifie.

Bénis la France et ses alliés qui luttent pour l'ordre de la liberté, de la justice et de la loyauté, pour les fins les plus hautes, pour les biens les plus sacrés de la vie. Bénis nos héroïques combattants qui se montrent égaux à tous les devoirs et se prodiguent sans compter en sublimes vaillances. Unis au trône de ta gloire ceux qui sont tombés pour la plus belle des causes. Que leur exemple nous demeure un inoubliable enseignement de constance, d'énergie, d'abnégation, de concorde, et nous donne la résolution de porter leur héritage d'honneur en l'honorant à notre tour !

Amen !

Pour les dons et adhésions à l'Union libérale on est prié de s'adresser à M. René Heimann, *5, rue de Phalsbourg (XVIIe).*

www.ingramcontent.com/pod-product-compliance
Ingram Content Group UK Ltd.
Pitfield, Milton Keynes, MK11 3LW, UK
UKHW022156260726
13993UKWH00005B/2407

9 782019 981761